客家颂

粤韵漫绘岭南风

梁树庭 编著

SPM 南方出版传媒

全国优秀出版社　全国百佳图书出版单位　广东教育出版社

· 广州 ·

图书在版编目（CIP）数据

客家颂 / 梁树庭编著. ——广州：广东教育出版社，
2019.5
（粤韵漫绘岭南风）
ISBN 978-7-5548-2548-8

Ⅰ.①客… Ⅱ.①梁… Ⅲ.①风俗习惯—广东—通俗
读物 Ⅳ.①K892.465-49

中国版本图书馆CIP数据核字（2018）第212692号

项目策划：靳淑敏
责任编辑：尚于力
责任技编：杨启承
装帧设计：邓君豪

客家颂
KEJIA SONG
广东教育出版社出版发行
（广州市环市东路472号12–15楼）
邮政编码：510075
网址：http://www.gjs.cn
广东新华发行集团股份有限公司经销
广州市岭美彩印有限公司印刷
（广州市荔湾区花地大道南海南工商贸易区A幢）
889毫米×1194毫米 24开本 3印张 75 000字
2019年5月第1版 2019年5月第1次印刷
ISBN 978-7-5548-2548-8
定价：39.80元

质量监督电话：020-87613102 邮箱：gjs-quality@nfcb.com.cn
购书咨询电话：020-87615809

读歌谣，赏漫画，品民俗。

在这里，读懂岭南。

这是一套关于岭南的细节的书。

岭南有着许多不同的面目。当岭南作为地理概念出现时，它宏大壮阔，在五岭和南海之间伸展，范围之广阔大大超出我们固有的印象；当岭南作为文化意象出现时，它生猛活跃，在传统与现代之间穿梭，带给我们一个又一个惊艳的身影；当岭南作为一种生活方式出现时，它呈现的是丰富的细节，而每一个细节都值得我们去品味和把玩。

这些细节，是由生活在岭南的人们创造出来的，所以我们按照岭南三大民系，把内容分为"潮州""广府""客家"三部分；又因为岭南人的生活讲究顺应天时，所以我们还有"岁时"一册，用来说明在岭南这个四季并不分明的地方，人们是怎样活出自己的季节来的。

岭南人虽主要分为三大民系，大家在传统方面都各有坚持，但实际上也是同气连枝，颇多相通之处。以吃为例，潮汕有"工夫茶"和"潮州粿"，广府有"饮早茶"和"九大簋"，客家则有"酿豆腐"和"炸果糍"，虽然食物品种不尽相同，但就地取材的原则和精研烹调之法的追求是相通的。除此之外，还有年节拜祭、传统手艺、日常习惯等方面，在作者描绘的画面里，岭南各地之间其实并不那么壁垒分明，即使确有差别，岭南人之间也特别容易取得共识，相互理解。正是在这种种不同之间，隐约蕴含着一条神奇的纽带，维系起岭南这片土地。

在这套书里，岭南日常生活的平凡日子，被浓缩成诗句、韵文；生活在岭南的人们，被勾勒出趣致的动作、神态。在这里，我们看到了岭南的细节。透过一幅幅诙谐有趣的画面，来体会岭南的细节，也许，这本身就是一件很"岭南"的事。

1

王 亮　广府文化研究者／广东教育出版社副编审

序二
漫出精彩

梁树庭是我熟悉的画家，他举办的几个展览和出版的书籍我都看过，看后都有一种淋漓畅快的感觉，他的写法画法很有个性，特别是作歌谣，配漫画，写书法，用水墨的手法创作漫画，这对广东漫画界来说是一个新的收获。他的漫画或针砭时弊，激浊扬清，或谐趣幽默，扶正祛邪，都取得了不少成绩。他早年举办的"粤韵新唱——梁树庭、马洁群百首粤语歌谣漫画展"是一次很有地方特色的漫画展，是近年广东漫画界的盛事。它记录广州的过去和现在，给人们留下了美好的回忆，是一个大受欢迎的展览。

几年过去了，梁树庭的歌谣漫画从广府题材画到岭南题材，内容更丰富了。看到广东教育出版社出版的"粤韵漫绘岭南风"丛书，我感到由衷的高兴。传承发扬优秀的岭南文化是一件很有意义的事情，这次的作品他用水墨的手法，是值得肯定和发扬的。丛书包含《岁时谣》《广府风》《客家颂》《潮州韵》，书名精彩，内容简练而有深度，图文并茂，对初次了解岭南文化的读者是大有裨益的。读读歌谣，赏赏漫画，看看民俗，不知不觉中受到岭南文化的熏陶，真是件乐事。

看书中的《上茶楼》，画广州一家子茶楼相聚，点上河鲜，梁树庭用夸张的手法，画服务员单手托盘，盘中鱼比人大，众人哗然。热气腾腾的清蒸鱼上台，配上"一盅两件话当年，而今觉得唔够坚。朝晏打的去南国，急呼伙计上河鲜"的歌谣，谐趣幽默，生动地表现出了时代变化中的广府人，由过去简单的"一盅两件"到现在富足的急上河鲜的品茶姿态，十分"盏鬼"。再看《凉帽美》的太阳和《赛大猪》的大猪，都是运用了拟人化的画法。太阳会伸出大拇指夸客家娘手艺巧，能做出流传几百年可遮阳散热的凉帽，挥帽田间很动人。《赛大猪》中的大猪被评为头名时，高兴得举起胜利的手势，猪肥人壮趣怪得很。漫画的这种手法使得客家和潮汕的民俗风情多了一重喜感。丛书里面的作品简约的画法和绚丽的用色交叉搭配，视觉上有节奏感，读得舒服。《岁时谣》侧重写实画法，写出广东节气特点，也能"漫"在其中，隐约可见他对传统花鸟、山水试运用漫画画法，这种创作特色和手法值得推介。

漫画是一门综合艺术，从原始绘画至文人绘画、民间绘画皆有之，配上诗词的漫作，总是使人眼前一亮。最近国内很多漫画家在探索水墨的表现方式，成果不少，这里面也有广东漫画人的努力，梁树庭就是其中的一位。在大力倡导传承发展优秀传统文化的新时期，我期待广东漫画人初心不变，努力向前，为广东乃至全国的漫画发展，作出更大的贡献。

江沛扬　中国美术家协会会员／广东省美协漫画艺委会前主任／广东漫画学会前会长

序
二

3

目录

生活风情

围龙屋

山重水复户连户，
一二围层护正屋。
亲密围聚求生存，
祖宗智慧子孙福。

说明：本书图中文字因艺术创作需要，部分使用繁体字，此处均以简体字呈现，便于读者阅读。

围龙屋　围龙屋是一种富有中原特色的典型客家民居建筑，与北京的四合院、陕西的窑洞、广西的"杆栏式"和云南的"一颗印"一起被称为我国最具乡土风情的五大传统住宅建筑形式。两晋至唐宋时期，因战乱饥荒等原因，黄河流域的中原汉人被迫南迁，历经五次大迁移，先后流落南方。为防外敌及野兽侵扰，多数客家人聚族而居，形成了围龙屋、走马楼、五凤楼、土楼、四角楼等住宅建筑形式，其中以围龙屋最为著名，是客家建筑文化的集中体现，通常一个围龙屋就是一个宗族。

山重水複
户連户
一二圍層
護正屋
亲密圍聚
求生存
祖宗智慧
子孫福

粤謠漫览
圍龍屋
梁樹庭作

胞衣迹

胞衣迹土是吾乡。
处处为客处处家，
创业立业抱梦想。
男儿志向闯远洋，

◎胞衣：胎盘。

胞衣迹 婴儿出生后，客家人十分重视胞衣的处理，他们认为那是圣物。所以取得胎盘之后，用纸包裹，把它密藏于祖居地上，并且终身保密。身居外地的客家人常常把出生的故乡称为"胞衣迹"，把回家称为"回胞衣地"。

男兒志向
闖遠洋
創業立業
抱夢想
處處為客
處處家
胞衣跡土
是吾鄉

粵謠漫畫
胞衣跡
梁樹庭作

凉帽美

帽褶飘飘好柔美，
凉爽防晒均齐备。
三百年间铸一艺，
客家凉帽别样美。

客家凉帽 这种凉帽多用竹篾或麦秸编制，俗称"凉笠哩"。相传始于宋末，客家人从中原南迁，为了生计妇女也要下地开荒耕种，为了不让女子抛头露面，于是在斗笠上罩一块黑布遮挡。后来随着社会发展，妇女们就把布料缝在顶部，脸前的部分减掉，就是现在所见的凉笠哩了，它是客家妇女独特的头饰。

帽褶飘飘
好柔美
凉爽防晒
均齐备
铸一艺间
三百年间
客家凉帽
别样美

凉帽美
粤谣漫画
梁树庭作

娘酒香

要得娘酒山味香，
古井水清滋味长。
早作娘酒晚豆腐，
周身手艺客家娘。

娘酒 客家娘酒，浓醇香甜，发源于客都梅州，是客家人的传统特产，多为自酿。它是客家饮食文化和酒文化相结合的精华。客家人每年在重大节日前或办喜事前都要事先酿造娘酒，这酒是招待客人时必不可少的。所以许多客家人家里一年到头都存有娘酒。

要得娘酒
山味香
古井水清
滋味長
早作娘酒
晚豆腐
周身手藝
客家娘

粵謠漫畫
娘酒香

梁樹庭作

踩簸箕

客家村头喜迎亲，
新娘披挂好醒神。
入门识礼多吉利，
簸箕垫脚好斯文。

踩簸箕 　新娘头盖红头巾，新郎手拿花和红伞遮头，相亲相拥进门去。刚遇村妇坐月子，要簸箕垫脚才好进村入门，喜求吉利。

客家村頭
喜迎親
新娘披掛
入門識禮
好醒神
多吉利
簸箕墊腳
好斯文
粤謠漫畫
踩簸箕
梁劉庭作

选料精造客家粄，
发粄甜粄老鼠粄。
主食小吃都随意，
入口顿觉山水间。

客家粄 客家粄是一种传统食品。客家人饮食生活中，有大量用"粄"字命名的食品，这些食品绝大部分都是用大米磨成的米粉或米粉的浆液制作而成的，因此"粄"字从"米"。"粄"字在一般的汉语字典中都查不到，音从"板"，意思相当于普通话里的"糕"字，在闽南方言中则使用"粿"。客家一些叫作"粄"的食品，在别的地区或称为"糕"，或称为"粿"。

選料精造
客家粄
發粄甜粄
老鼠粄
主食小吃
都隨意
入口頓覺
山水間

粵諺漫畫
客家粄
梁樹庭作

酿豆腐

打铁撑船磨豆腐，
天下苦差苦中苦。
千回百转豆腐香，
酿出人生好抱负。

酿豆腐　客家传统菜式。传说酿豆腐源于北方的饺子，客家人从中原迁徙至岭南山区，因岭南少产麦，思乡的中原客家移民便以豆腐替代饺子皮，将肉塞入豆腐中，充当饺子的替代品。因其风味独特又物美价廉，很快就传遍客家地区，成了客家名菜。

打鐵撐船
磨豆腐
天下苦差
苦中苦
千迴百轉
豆腐香
釀出人生
好抱負

粵謠漫畫
釀豆腐
梁樹庭作

炸果糍

过年祭祖表敬意，
南雄村民巧心思。
石磨碾出浓米浆，
红糖和粉炸果糍。

炸果糍　果糍也叫油糍，是一种用糯米制成的节令小食。油糍有喜庆、团圆的意思。每年快过年，家家户户"油镬（锅头）滚烧，油糍飘香"。

粤韵漫绘岭南风

客家颂

16

過年祭祖
表敬意
南雄村民
巧心思
石磨碾出
濃米漿
紅糖和粉
炸果糍

粵客漫畫
炸果糍
梁樹庭作

擂茶香

擂棒磨钵手飞扬，
名茶芝麻生奇香。
忽闻门外老友到，
擂茶有请快品尝。

擂茶 客家人热情好客，以擂茶待客更是传统的礼节。擂茶来自中原，随着客家人南迁流传下来。擂茶又叫咸茶、面茶、菜茶，它是将茶和一些配料放进擂钵里研磨、擂碎，冲沸水而成。擂茶制作简便，清香可口，且因配料不同，分别具有解渴、清凉、消暑、充饥等效用，经济又实惠。

擂棒磨鉢

手飛揚

名茶芝麻

生奇香

忽聞門外

老友到

擂茶有請

快品嘗

粵謠漫堂

擂茶香

梁桷庭作

节庆活动

拜社年

大年初二拜社公，
客家礼数火样红。
鸡鱼大肉酒饭足，
求得平安富去穷。

拜社年 正月初二这天，村民早餐后准备贡品，一般家庭瓜果饼干、糍粑年糕供上一盘即可。上一年有添丁的家庭就要备齐三牲。然后村民们便肩挑谷箩，手提竹篮，捧起鞭炮，进行一年一度盛大的"拜社年"仪式。社即村民所称的"社伯公"，指的是土地之神。

大年初二
拜社公
客家禮數
火樣紅
雞魚大肉
酒飯足
求得平安
富去窮

粵謠漫盘
釋社年
梁樹庭作

送穷鬼

烟火腾腾年初三，
晨早扫屋未作难。
破旧杂物藏穷气，
送走烧掉换新颜。

送穷鬼 客家人农历正月初三进行的民俗活动。这天的清早，要把房子，特别是厨房周围打扫干净，把污秽的杂物倒到垃圾堆里，放火烧掉，有的还备香烛冥镪等，一同烧毁，表示把以前的秽气穷气送走，迎接财神福星到来。这一天不宜探亲访友，以免被人家视为穷鬼。

煙火騰騰
年初三
晨早掃屋
未作難
藏窮氣雜物
送走燒掉
換新顔

粵謠漫畫
送窮鬼
梁樹庭作

喜上灯

村中祠堂又上灯，
氏族兴旺有来人。
每当正月十二后，
添丁人家喜光临。

上灯 传统客家人为上一年出生的男孩举行的庆贺灯会。客家地区上灯的时间，一般在正月十一至十五之间。主家做或买一个考究的花灯挂在自家的祖堂上，点燃花灯，把它升至厅堂1/3的高度，以示添了丁（"灯"与"丁"谐音）。

村中祠堂
又上燈
氏族興旺
有來人
每當正月
十二後
添丁人家
喜光临
粤謠漫畫
喜上燈
梁樹庭作

舞火龙

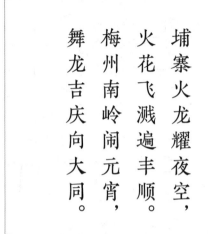

埔寨火龙耀夜空，
火花飞溅遍丰顺。
梅州南岭闹元宵，
舞龙吉庆向大同。

舞火龙 舞火龙是丰顺埔寨村民闹元宵的独特传统节目。为祈求风调雨顺，每逢元宵，当地乡民便会出钱出力，购买火药制造火龙，火龙舞动时火花四射，场面壮观。

埔寨火龍
耀夜空
火花飛濺
遍豐順
梅州南嶺
鬧元宵
舞龍吉慶
向大同

粵謠漫畫
舞火龍
梁樹庭作

火麒麟

竹制瑞兽傲长空，
元宵星夜火为邻。
舞郎赤膊咬生菜，
驱邪引福火麒麟。

劏火麒麟　农历正月十五元宵夜驱邪引福是英德市大湾镇的传统民俗。火麒麟用竹枝扎成，再用多层素色纸封住，做成有口、耳、眼、鼻和角的怪兽。舞火麒麟者赤膊，口咬生菜，带着舞动的火麒麟队伍穿街过巷。家家户户燃放鞭炮迎接，一家鞭炮放完了，火麒麟才转到另一家，直至火麒麟被炸到支离破碎、体无完肤时便火麒麟仓皇离去，称作"劏火麒麟"。

竹制瑞獸
傲長空
元宵星夜
火為鄰
舞郎赤膊
咬生菜
驅邪引福
火麒麟
奧謠漫畫
火麒麟
梁樹庭作

半月乐

客家月半大过年。
莲灯闪烁鱼灯亮，
赏灯猜谜当汤丸。
正月十五月正圆，

月半大过年　元宵节俗称"正月半"，也叫"灯节"。传统的元宵节有挂灯、赏灯、赛灯等风俗，还有放孔明灯、烧烟花、烧烟架等活动。从过年开始一直持续的舞狮、舞龙、舞灯等娱乐活动，在元宵夜达到高潮，所以有"月半大过年"的说法。

正月十五

月正圓

賞燈猜謎

嘗湯丸

蓮燈閃爍

魚燈亮

客家月半

大過年

童謠漫畫

半月樂

梁樹庭作

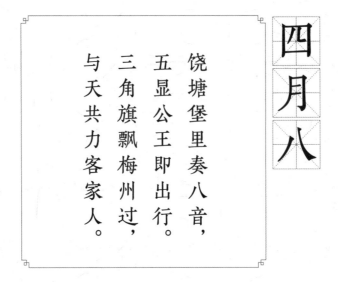

四月八

饶塘堡里奏八音，
五显公王即出行。
三角旗飘梅州过，
与天共力客家人。

做"四月八" 梅州梅县区一些村镇的农历四月八比较隆重。当天，乡民们抬着五显公王的神像，举着三角彩旗，敲锣打鼓，奏八音，到各村游行，据说可祈求风调雨顺、保佑丰收。

饶塘堡裏

奏八音

五颗公王

即出行

三角旗飘

梅州过

与天共力

客家人

粤谣漫画
四月八
梁梄庭作

挂葛藤

端午门前挂葛藤，
说来话长事有因。
唐末争斗刀无眼，
门挂葛藤可留人。

挂葛藤　农历五月初五端阳节又名"天中节"，客家人称"五月节"。客家传统的端阳节是仅次于春节的节日。除全国通行的习俗外，客家还有其独特的习俗：挂葛藤。五月初五当天在门口挂葛藤，以示消灾保平安。

端午門前
掛葛藤
說來話長
事有因
唐末爭門
刀無眼
門掛葛藤
可留人

粵謠漫畫
掛葛藤
梁樹庭作

民间艺术

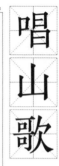

唱山歌

云遮雾障山连山，
妹唱山歌哥唱还。
一句两句三四句，
唱得花开花烂漫。

客家山歌　在广东民歌中，数量最多、影响最大、艺术最臻完美的应首推梅州客家山歌。客家山歌相当完整地继承和保存了中原山歌的传统，语言形象生动、朴实清新，比喻贴切，富有浓烈的地方色彩，不但表现了客家方言的特点，而且想象出奇，致情入理，幽默风趣，收到了很好的艺术效果。2006年，客家山歌入选了国家级非物质文化遗产名录。

雲遮霧障
山連山
妹唱山歌
哥唱還唱
一句兩句
三四句
唱得花開
花爛漫

粵謠漫卷
唱山歌
梁樹庭作

月姐歌

韶关仁化石塘声，
一歌一曲诉不平。
口传心授千年史，
方言唐韵唱月明。

民俗文化

月姐歌　月姐歌是流传于韶关市仁化县石塘古村女性人群中的一种带有神秘色彩的民间歌曲，以口传心授的方式流传千年，每逢中秋临近，石塘村的农妇们都会举行一场历时15天的盛大仪式，从女童至耄耋老妪，每晚刘着月亮边舞边唱。

韶關仁化
石塘聲
一歌一曲
訴不平
口傳心授
千年史
方言唐韻
唱月明
粵謠漫畫
月姐歌
梁樹庚作

观堂联

寻根追祖笔端生，
一字一句热泪痕。
始祖高祖留史迹，
堂联高挂示后人。

民俗文化

堂联 对联的特殊形态，又称族氏联，不同姓氏有不同的堂族。客家人每逢过年过节、婚嫁喜庆便在厅堂两边或大门两侧贴上堂联，这些堂联的内容基本上都是表明历史上本姓知名人士的祖籍、封号和生平事迹的，目的在于颂扬祖先的政绩、文名和功德，所以，堂联被人称为"家庭的微型家谱"。

尋根追祖
筆端生
一字一句
熱淚痕
始祖高祖
留史跡
堂聯高掛
示後人

粵謠漫畫
觀堂聯
梁樹庭作

振德堂

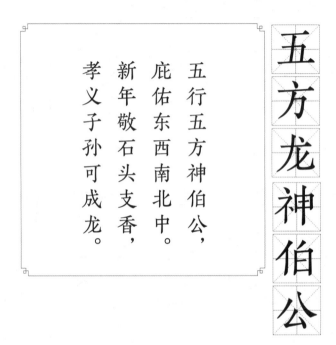

五方龙神伯公

五行五方神伯公，
庇佑东西南北中。
新年敬石头支香，
孝义子孙可成龙。

五行五方龙神伯公 围龙屋祖堂后面嵌有五块不同规格的神石，分别代表金、木、水、火、土五行，也代表东、西、南、北、中五方，俗谓五行五方龙神伯公。这五行五方龙神伯公是围龙屋主人的图腾文化，是保佑宗族的希望所在，每年的第一炷香应插在这里。

五行五方
神伯公
庇佑東西
南北中
新年敬石
頭支香
孝義子孫
可成龍

粵謠漫壐
五方龍神伯公
梁樹庭作

赶打醮

早庙祈福午打醮，
香火缭绕露半桥。
敬神敬祖展百艺，
力求福多祸害少。

醮会 "醮"是古代祭祀的一种，同时也指僧、道设坛祈祷。醮会指的是迎神赛会。客家人把举行醮事活动称为"打醮"。在"打醮"过程中，同一祭祀圈的人们共同参与在以其居住区为主的地域范围内进行的迎游神明活动。

早廟祈福
午打醮
香火繚繞
露半橋
敬神敬祖
展百藝
力求福多
禍害少

粵謳漫畫
提打醮
梁樹庭作

迎大帝

正月二十天穿日，
喜迎大帝降大吉。
高陂村民迎新景，
祈求赐福庇万物。

迎大帝　大帝为保生大帝，是医神，医术高明，拥有许多崇拜者，被视为活神仙，其去世后，民间就开始祭祀他。迎大帝活动，由神仙弟子上香请神，合手叩拜。大帝由多人抬着出宫，沿线各家各户摆上丰盛的祭品，善男信女争先恐后上香迎接，顶礼膜拜，活动旨在祈求大帝保佑当地民众平安、五谷丰登、六畜兴旺。

正月二十
天穿日
喜迎大帝
降大吉
高陂村民
迎新景
祈求賜福
庇萬物

粤謠漫画
迎大帝
梁楠庭作

木偶戏

五华木偶戏演场，
提线偶现刘关张。
六百年间演唱艺，
独步神州美名扬。

五华提线木偶　　五华的提线木偶戏已有600多年的历史，素有"木偶之乡"之称。木偶造型精细，形体高大（高度约为90厘米），操纵木偶的线多达14至20条。演唱以汉调为主，间唱客家山歌、民歌、采茶小调，对白用客家方言。近年来，五华木偶戏在表演艺术技巧方面创新了不少高难度绝技，如舞狮、拉二胡、翻筋斗、喷火、书法等，达到了"能人之所能，能人之所不能"的艺术效果。

五華木偶
戲演場現
提線偶現
劉關張
六百年間
演唱藝
獨步神州
美名揚

粵謠漫畫
木偶戲
梁樹庭作

附录
"粤韵漫绘岭南风"丛书民俗文化索引

1. 本索引供本丛书"民俗文化"板块内容检索。
2. 条头按汉语拼音字母次序排列，首字相同的按第二个字的拼音字母次序排列，第二个字相同的，按第三个字排列，以下类推。同音字按笔画排列，笔画少的在前，多的在后。
3. 右侧字母代表本丛书的分册书名：
   C为《潮汕韵》，G为《广府风》，K为《客家颂》，S为《岁时谣》。
4. 右侧数字指所在图书的页码。

"粤韵漫绘岭南风"丛书包括《岁时谣》《广府风》《客家颂》《潮汕韵》四本。

　　丛书以富有传统国画特色的水墨漫画，配以独特书法书写的朗朗上口的歌谣，邀读者放慢匆忙的脚步，品鉴水墨漫画、岭南歌谣的独特质感，用全新的视角去感受、认识岭南传统文化。

《岁时谣》

　　二十四幅漫画，二十四首歌谣，描绘出岭南人独具特色的节气文化。在这里，你可以深深品味在二十四节气的周而复始中，岭南人是如何顺应天时，在岭南这个四季本不分明的地方，活出自己的季节！

《广府风》

　　二十四幅漫画，二十四首歌谣，引领你走近最能代表岭南文化的广府民俗文化。广府文化经过中原文化哺育，传袭着百越古族遗风，又闪烁着中西文化撞击的火花，开放、务实，又创新兼容。

《客家颂》

　　二十四幅漫画，二十四首歌谣，引领你走近最能反映岭南文化与中原文化交融生长的客家民俗文化。在这里，你可以品味客家人崇文尚简、民风淳朴、不求奢华的品格，感受客家人浓厚的乡土情结，强烈的祖先崇拜和深沉凝重的历史意识。

《潮汕韵》

　　二十四幅漫画，二十四首歌谣，引领你走近潮汕民俗文化。在这里，你可以感受到背山靠海的潮汕人与中原人在生活和生产方式上的差异，可以明晓缘何他们宗族观念强，缘何他们勇于冒险和开拓，并精巧灵活，富有竞争意识。

后　记

　　现在是收获的时候，喜悦中与大家见面的"粤韵漫绘岭南风"丛书，便是收获的成果。

　　成果的种子在2017年春季种下，那时我在广东省立中山图书馆办了一期"粤韵漫记岭南风"歌谣漫画展，观者众，得留言七八本，记录了观众的深切鼓励；报纸、电视台、电台的记者等也不断采访报道，对画展给予了高度的评价。我的创作能得到各界人士的鼓励和社会的认同，是给我最好的奖励。展览期间，刚好广东教育出版社的几位编辑也来观展，相谈中便有了以此出版一套书的构想，然后编者作者一路想想想，跑跑跑，写写写，画画画，编编编，改改改，这套丛书由此而生。这套丛书名叫"粤韵漫绘岭南风"，将展览"粤韵漫记岭南风"的"记"字改成"绘"字，一字之改更多了些画意，并有连续性，展览与书籍就像姐妹篇，相映成趣，很好！

　　这套丛书，从岭南文化中选材，就像讲自家的故事，总有一种亲切感。岭南人家祖祖辈辈是如何过来的，如何生活的，如何在天地间面对艰辛活得精彩活出文化的，我总想用手中的笔，记录心中的歌，绘出心里的画。

从大家观展的反应中我发现，歌谣配漫画并以水墨的表现手法很适合这个读图时代，顺口押韵的歌谣，幽默谐趣的漫画，以诗书画印植入漫画中，相映成趣。在岭南各地有不少形式各异的风俗，所谓"十里不同风，百里不同俗"，我这样通过漫画、歌谣去表达，就很容易引起大家的兴趣去探究，在这个过程中读者就会了解岭南文化、感知岭南文化、热爱岭南文化，从而对我们身处的地方产生更多的认同感，这是我一直坚持创作的原因。

在这里得感谢广东教育出版社的编辑助丛书出版，使图文出彩，助力岭南文化的挖掘与传播；感谢漫画界老前辈著名漫画家江沛扬先生为此书写序，推动广东漫画及文化事业，给后辈期望与鼓励；感谢妻子马洁群女士，长期以来为我的创作翻书捡画、正图正字，使创作得以成事；感谢读者、媒体和各文化单位一直支持和不断鼓励，让我在创新的绘画道路上一直走下去。

歌谣助传唱，漫画现精华。愿岭南文化之树根深叶茂，岁月常青！

梁树庭

2019 年 4 月